Elizabeth Verdick et Marjorie Lisovskis

GRRR!!! Comment surmonter ta colère

GUIDE PRATIQUE POUR ENFANTS COLÉRIQUES

Traduit de l'anglais par Denis Poulet

MIDI trente
ÉDITIONS

Catalogage avant publication de Bibliothèque et Archives nationales du Québec et Bibliothèque et Archives Canada

Verdick, Elizabeth

Grrr!!! : comment surmonter ta colère : guide pratique pour enfants colériques

Traduction de: How to take the grrrr out of anger.

ISBN 978-2-923827-14-8

1. Colère - Ouvrages pour la jeunesse. 2. Maîtrise de soi - Ouvrages pour la jeunesse. 3. Colère - Problèmes et exercices - Ouvrages pour la jeunesse. I. Lisovskis, Marjorie. II. Titre. III. Titre: Comment surmonter ta colère.

BF575.A5V4714 2011 j152.4'7 C2011-940803-1

VERSION FRANÇAISE
Édition et mise en page : Éditions Midi trente
Traducteur : Denis Poulet

VERSION ORIGINALE :
Couverture et conception graphique : Marieka Heinlen
Illustrations : Mike Gordon

650, av. Monk, Québec (Québec) G1S 3M3
www.miditrente.ca

ISBN : 978-2-923827-14-8
Imprimé au Canada

Dépôt légal : 2e trimestre 2011
Bibliothèque et Archives nationales du Québec
Bibliothèque et Archives du Canada

Édition originale publiée en 2003 par Free Spirit Publishing Inc., 217 Fifth Avenue North, suite 200, Minneapolis, MN 55401-1299, www.freespirit.com, sous le titre *How to Take the Grrr Out of Anger.*

Original edition published in 2003 by Free Spirit Publishing Inc., 217 Fifth Avenue North, suite 200, Minneapolis, MN 55401-1299, www.freespirit.com, under the title *How to Take the Grrr Out of Anger.*

À Dan, qui m'a enseigné que la colère ne règle rien, alors que l'espoir et l'optimisme peuvent faire toute la différence.

E. V.

À George, avec toute ma reconnaissance pour sa patience et son calme.

M. L.

Au moment de la publication en français de cet ouvrage, tous les faits et chiffres mentionnés étaient les plus récents. Tous les numéros de téléphone, adresses et adresses de sites Internet sont pertinents et exacts. Les publications, organisations et sites Internet mentionnés correspondent aux descriptions qu'on en fait dans ce livre; et tous ont été vérifiés en mai 2011. Les auteures et l'éditeur ne peuvent cependant garantir l'exactitude des informations fournies par les organisations ou offertes sur les sites Internet, et nous ne sommes aucunement responsables de tout changement qui aurait pu survenir après la publication. Si vous trouvez une erreur ou croyez qu'une référence donnée dans ce livre est inexacte, veuillez en faire part à l'éditeur. Nous recommandons fortement aux parents, enseignants et autres adultes de surveiller les enfants quand ils naviguent dans Internet.

Le paragraphe intitulé « Relaxe-toi en 10 étapes faciles » (pages 15 et 16) est tiré de *Stress Can Really Get on Your Nerves!*, écrit par Trevor Romain et Elizabeth Verdick (Minneapolis, Free Spirit Publishing, 2000), pages 76-77. Il a été reproduit avec l'autorisation des auteures et de l'éditeur.

Remerciements

Nos plus sincères remerciements à tous les adultes et à tous les enfants qui ont partagé avec nous des idées, des anecdotes, ainsi que leur inspiration et leur sagesse pendant la préparation de ce livre.

Nous aimerions également remercier les spécialistes du développement de l'enfant, les enseignants, les parents et les grands-parents qui ont lu ce livre en cours d'élaboration et qui ont bien voulu partager avec nous leurs conseils et multiples commentaires pertinents : Karen Ireland Dahlen, Vian Gredvig, Thomas S. Greenspon, Ph. D., Alice Hansbarger, M. Éd., Bob Schwalm et Cady Schwalm.

Merci aussi à Judy Galbraith pour son dévouement envers les enfants, à Crysten Puszczykowski et Marieka Heinlen pour leur travail créatif de conception et de production et à Mike Gordon pour ses illustrations pleines de vie !

Elizabeth et Marjorie

Table des matières

Introduction

C'est quoi le rapport… entre toi et la colère ?

Tout le monde se met en colère. Il n'y a pas un être humain sur Terre qui n'a jamais été en rogne. Certains maîtrisent bien leur colère, tandis que d'autres ne semblent pas capables de se contrôler du tout.

Même si ce n'est pas le cas, la colère peut te laisser croire que tu es un vrai monstre !

Quand tu es colérique, ton esprit et ton corps peuvent se comporter « monstrueusement » :

* Des pensées affreuses surgissent dans ta tête.
* Tu as envie de hurler, de crier à tue-tête.
* Tu grinces des dents.
* Tu regardes tout le monde d'un air menaçant.
* Tu serres les poings.
* Ton cœur bat très fort.
* Tu as l'estomac noué.
* Tu as envie de donner des coups de pied.
* Tu as chaud.

Il y a une bonne et une mauvaise nouvelle au sujet de la colère. Voyons d'abord la mauvaise nouvelle (pour nous en débarrasser). Tu peux être en colère longtemps, très longtemps. Ça peut être difficile à croire, mais il y a des adultes dans ton entourage qui sont encore en colère pour des raisons qui remontent à leur enfance. Comme ils n'ont jamais su quoi faire de leur colère, elle est toujours restée avec eux comme une mauvaise odeur. Ce n'est probablement pas ce que tu désires !

Voici maintenant la bonne nouvelle : tu es capable de surmonter ta colère !

Ce livre va t'aider
à te débarrasser
du GRRR de ta colère !

Si tu apprends à maîtriser ta colère, tu te sentiras plus calme et plus tranquille. Ce sera plus facile pour toi à la maison, à l'école et partout ailleurs. Tes parents et tes amis seront épatés. Plus que ça, tu te sentiras mieux avec toi-même. Tu seras quelqu'un de plus fort, de plus sain, c'est garanti !

Chapitre 1

Les signes de la colère

Comment savoir que tu es en colère? Certains jeunes décrivent leur colère ainsi:

C'est comme si j'étais incapable de contrôler les battements de mon cœur.

C'est comme si j'avais des nœuds dans l'estomac.

Je me sens tellement « fru » que j'ai l'impression que ma tête va exploser.

Ça bouillonne à l'intérieur, comme si ça voulait sortir!

Je ne veux voir personne.

Je suis tellement TENDU!

J'ai le goût de m'en prendre à quelqu'un d'autre.

J'ai juste envie de casser quelque chose.

Mes mains commencent à trembler.

Si tu avais quelque chose à dire quand tu es colérique, ce serait probablement **GRRR!!!**

Te sens-tu en colère la majeure partie du temps? Et si tu disposais d'un thermomètre indiquant ton niveau de colère à chaque heure du jour? Que pourrais tu y lire? Combien de fois atteindrait-il le niveau critique (rouge de colère)?

LE COLÉROMÈTRE

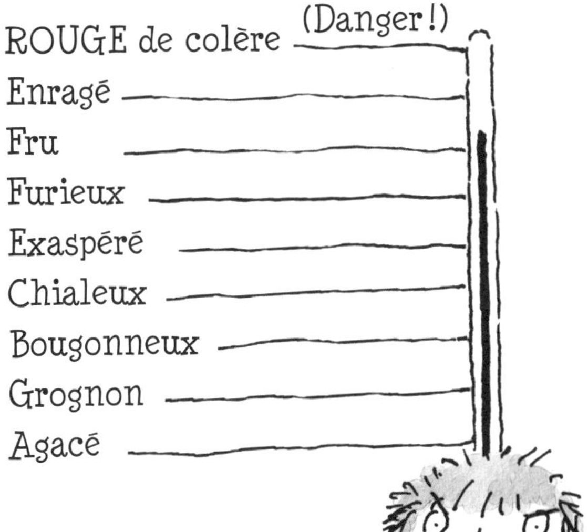

Tu es peut-être parmi ceux qui ne se mettent pas en colère très souvent. Bravo! Mais il est quand même important que tu connaisses des moyens de te maîtriser quand ça se produit. Nous t'invitons donc à consulter les pages 32 à 45, qui présentent les «Cinq étapes pour modérer ta mauvaise humeur».

D'un autre côté, tu es peut-être comme ces gens qui se lèvent le matin presque toujours en colère. Es-tu du genre à faire fuir tout le monde autour de toi ?

Ou peut-être crois-tu que les gens font toujours des choses qui ont le don de te tomber sur les nerfs. Tu te surprends alors à penser — ou à dire — de bien vilaines choses.

Par exemple...

Si ta sœur a laissé la chambre en désordre :

Ou...

Si un élève a eu une meilleure note que toi :

Ou...

Si ton amie t'interrompt quand tu essaies de parler :

Ou...

Si quelqu'un te bouscule par mégarde alors que tu t'en vas en classe :

Bien sûr, il arrive parfois que des gens le font exprès pour te faire enrager. Souvent, c'est dans leur nature (ils sont nés comme ça!) ou encore, ils veulent te faire marcher ou ils font des gaffes. Il est possible qu'ils ne sachent même pas qu'ils t'ont mis en colère.

Comment te sens-tu quand tu as des pensées agressives et quand tu dis de vilains mots?

Il y a de bonnes chances que tu te sentes...

EN COLÈRE!

(Ça te surprend?)

Savais-tu qu'un «air bête» peut suffire à te mettre en colère? Des scientifiques ont fait cette expérience: ils ont demandé à des personnes de penser à un moment où ils se sont déjà mis en colère, puis à d'autres personnes de simplement prendre un air bête et menaçant.

Sais-tu quoi? Les deux groupes ont eu la même réaction de colère. Les scientifiques l'ont découvert parce qu'ils ont mesuré l'accélération des battements cardiaques et l'augmentation de la température corporelle. De plus, les gens eux-mêmes ont dit qu'ils se sentaient vraiment furieux.

Donc…

un air bête et menaçant,

des pensées agressives

et de vilains mots

amplifient souvent le sentiment de colère. C'est aussi simple que ça !

Lire cela te rend-il furieux ? Veux-tu savoir ce qu'il faut faire tout de suite pour empêcher que la colère monte en toi ? Lis le chapitre 2 pour en avoir une idée.

Chapitre 2

Comment faire sortir le méchant

Parfois, tu sens que ça bouillonne en toi et que tu dois réagir rapidement pour empêcher que la colère éclate. Que peux-tu faire ?

Bouge !

Sers-toi de cette énergie que produit la colère : va dehors et cours un peu. Exécute quelques tirs au panier. Promène le chien. Saute à la corde. Défoule-toi sur un ballon de soccer. Élance-toi sur ta planche à roulettes. Fais du vélo. Autrement dit : BOUGE !

Si tu veux faire quelque chose à l'intérieur, que dirais-tu de danser comme un fou en écoutant de la musique forte ? (Mais choisis une musique qui te fais du bien, et non une musique qui te mettra davantage en colère.) Ou que dirais-tu de sautiller sur place 50 fois ? Choisis une activité physique que tu aimes bien et qui te fera dépenser beaucoup d'énergie. Ainsi, tu te sentiras plus calme et mieux disposé à faire face à ta colère.

Évite de faire des gestes excessifs, comme donner des coups de poing dans une porte ou des coups de pied dans le frigo. Certains sports violents, comme le football ou la boxe, peuvent ne pas convenir quand tu es de mauvaise humeur. Chez bien des gens, se montrer agressif peut réellement accroître le sentiment de colère.

Occupe tes mains

Tu peux trouver utile de serrer un objet de toutes tes forces. Choisis par exemple un oreiller, un ballon ou une grosse boule de pâte à modeler. Un autre moyen consiste à serrer le poing et à frapper dans la paume de l'autre main — comme pour chasser ton sentiment de colère. Frappe ainsi jusqu'à ce que tu te sentes plus calme.

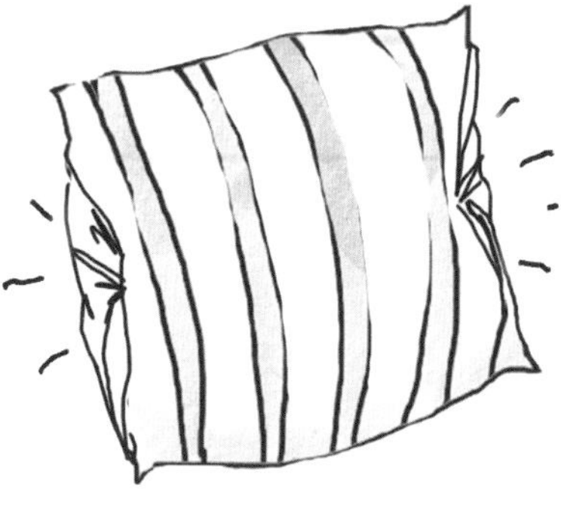

Exprime-toi !

Parfois, tu as juste besoin que quelqu'un t'écoute exprimer ta colère. Choisis une personne qui va te laisser parler quelques minutes sans t'interrompre. (Choisis quelqu'un contre qui tu n'es pas en colère. Sinon, ça ne t'aidera pas du tout !)

Il peut arriver que tu sois tellement en colère que tu n'as qu'une envie : crier. Alors, fais-le ! Sors dehors et pousse un grand cri. Sers-toi de ta voix pour faire sortir le méchant !

Parle-toi intelligemment !

Dis-toi quelques mots pour te calmer et voir la situation sous un autre aspect. Peut-être que tu te dis : « Je suis tellement fâché que je ne peux pas le supporter ! » Dis-toi plutôt : « Je peux garder mon sang-froid » ou « Je peux peut-être chercher de l'aide au lieu de me mettre en colère. » Te parler à voix haute ou dans ta tête est un moyen de te maîtriser — et c'est très intelligent.

Respire !

Respirer aide à se calmer, car ça oxygène le cerveau. Inspire profondément en comptant :

Laisse l'air emplir tes poumons. Puis expire lentement en comptant :

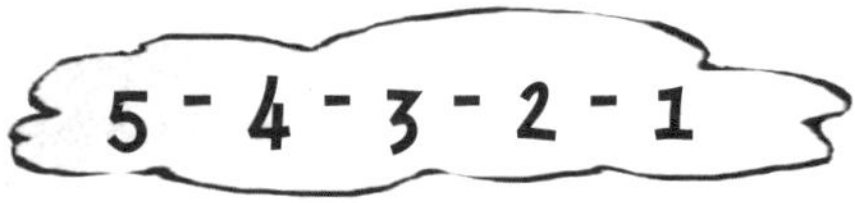

Continue aussi longtemps que tu en ressens le besoin, jusqu'à ce que tu sentes ton corps et ton esprit plus détendus. Tu peux même essayer d'effectuer un exercice de relaxation. Nous t'en proposons justement un dans les pages suivantes.

Relaxe-toi en 10 étapes faciles

Cet exercice de relaxation est facile à apprendre, mais tu dois bien lire toutes les étapes avant d'essayer.

1. Trouve un endroit tranquille où tu ne seras pas dérangé. (Si possible, va dehors — dans ta cour ou au parc, par exemple. Tu te sentiras mieux au grand air.)
2. Étends-toi sur la pelouse (ou sur le plancher). Mets-toi à l'aise.
3. Ferme les yeux, mais attention de ne pas t'endormir!
4. Respire profondément. Concentre-toi sur les mouvements de ta respiration. Compte jusqu'à cinq quand tu inspires, puis de cinq à un quand tu expires. Prends ton temps.
5. Quand tu te sentiras plus calme, continue de respirer profondément, mais au moment d'expirer, dis le mot **relaxe** dans ta tête.

6. En coordination avec ta respiration, commence à relaxer tes muscles à partir de la tête jusqu'aux pieds. Commence par le front. Contracte les muscles quand tu inspires, puis relâche-les quand tu expires.
7. Continue en contractant et en relâchant, en descendant graduellement vers le bas : les épaules, les bras, le ventre, les jambes, puis les pieds. Chaque fois, inspire quand tu contractes les muscles, puis expire quand tu les relâches.
8. Une fois rendu aux pieds, fais une pause. Continue de respirer profondément.
9. Rouvre les yeux lentement. Là, tu es détendu.
10. Savoure bien cette sensation !

Chapitre 3

Les visages de la colère

Certains jeunes exposent leur colère à la une des journaux. Ils veulent que le *monde entier* sache qu'ils sont en colère. Ils hurlent sans arrêt. Ils donnent des coups de pied. Ils tapent du pied. Ils boudent pendant des jours.

D'autres manifestent leur colère en brutalisant leur entourage. Ces tyrans aiment s'en prendre aux plus jeunes ou aux plus petits. Ils peuvent se montrer cruels; ils peuvent frapper une personne, lui donner des coups de poing, lui envoyer des coups de pied ou carrément lui flanquer une raclée. Certains sacrent* et crient des noms. Ces brutes agissent souvent ainsi pour exprimer leur sentiment de colère. C'est comme s'ils voulaient que les gens auxquels ils s'en prennent deviennent aussi colériques qu'eux-mêmes. (Pour en savoir plus sur cette mauvaise façon d'agir, consulte les pages 81 à 84.)

*Au Québec, «sacrer» signifie jurer, blasphémer, bref dire des «gros mots»... que personne ne devrait prononcer!

Certains jeunes montrent leur colère d'une manière tout à fait différente — une manière plus subtile que les hurlements ou les bagarres. (Souvent, les professeurs ou les parents ne savent même pas qu'ils sont en colère.) Ces jeunes peuvent décider de sc montrer très froids à l'endroit de la personne contre laquelle ils sont fâchés. Ils peuvent :

* jeter à la personne des regards mauvais ;
* propager des rumeurs sur son compte ;

* regarder en l'air quand l'autre personne dit ou fait quelque chose ;
* révéler ses secrets à tout le monde ;

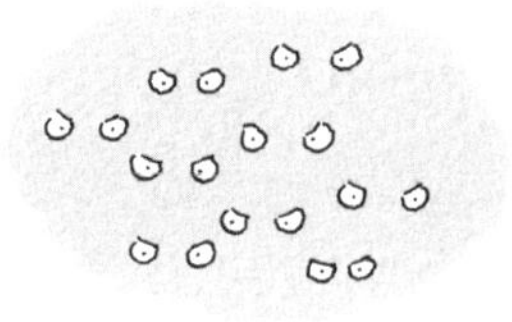

* essayer de monter les autres contre elle ;
* refuser de lui parler.

Tu sais comment on appelle ça ?

LA GUERRE DES NERFS !

Une guerre des nerfs exige beaucoup d'énergie (une énergie qu'il vaudrait mieux consacrer à essayer de rester attentif en classe). Parfois, elle dure si longtemps que ceux qui y sont impliqués ne se rappellent même plus comment la dispute a commencé.

Certains jeunes essaient de dissimuler leur colère. Ils croient que l'enfouir au fond d'eux-mêmes est une façon de s'en accommoder.

Mais on ne peut pas « écrabouiller » la colère. Que se passe-t-il quand on croit l'avoir écrasée ? La colère ne reste pas enfouie bien longtemps. Imagine-la comme un gros ballon de plage. Quand tu le plonges dans l'eau, le ballon engage le combat. Peu importe la force que tu déploies pour le maintenir sous l'eau, le ballon rejaillit toujours à la surface ! C'est la même chose pour la colère : quels que soient tes efforts pour l'enfouir au fond de toi, elle trouve toujours le moyen de ressortir.

Vaut mieux **renoncer.**

Il est possible que tu sois fâché contre toi-même à cause d'un petit geste que tu as commis. (Par exemple, parce que tu as dit une bêtise, tu as mal fait tes devoirs, tu as perdu une course ou tu as donné de mauvaises réponses à un examen.) Lorsque cela se produit, il y a une petite voix qui s'élève dans ta tête, disant des choses comme…

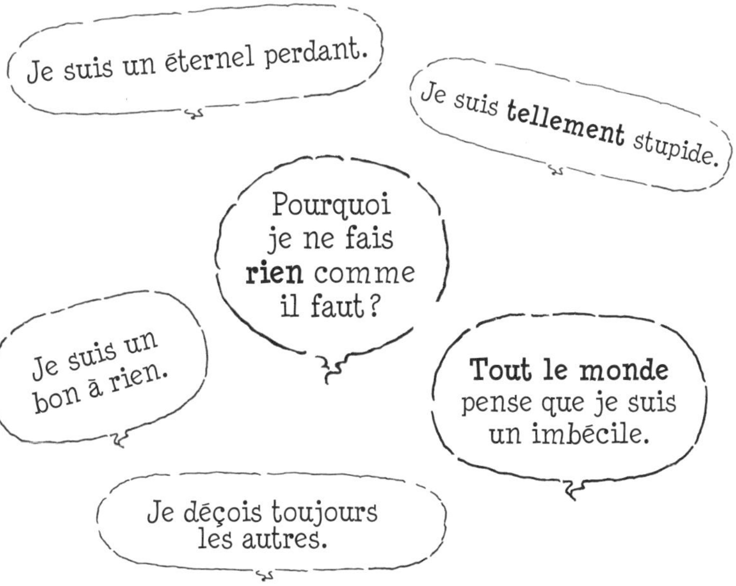

Quand tu te dis de telles choses, c'est comme si tu te disputais ou te punissais. Les vilains mots qui te passent par la tête peuvent te décourager. Mais tu sais quoi ? Tu mérites d'être traité bien mieux que ça !

Ne sois pas si dur envers toi-même. Tout le monde fait des erreurs. Te punir ne t'aidera pas — pas plus que de battre les autres.

C'est correct d'être en colère. *Tout le monde* se met en colère de temps en temps. Ça fait partie de la nature humaine. Tu peux être furieux contre quelqu'un. Tu peux être fâché contre toi-même. Parfois, tu peux en vouloir au monde entier.

Mais…

* si tu t'emportes contre les autres à la vitesse de l'éclair,
* si tu casses tout dès que tu es fâché,
* si tu frappes les autres parce que tu es en colère,
* si tu es de mauvaise humeur contre toi-même la plupart du temps,
* si tu passes ton temps à être maussade ou grognon,

…alors tu as besoin d'aide!

Où trouver de l'aide ?

Parfois, la colère prend le contrôle total de ton être. Que faire si tu se sens de mauvaise humeur ou déprimé tout le temps ? Ou si tu penses constamment à te faire du mal ou à frapper quelqu'un d'autre ? Ou si tu as peur à tout moment qu'on te frappe ? Cherche de l'aide immédiatement ! Tu peux, par exemple :

* te confier à un adulte en qui tu as confiance ;
* contacter Jeunesse, J'écoute (partout au Canada : 1 800 668-6868 ou www.jeunessejecoute.ca) ;
* contacter Tel-Jeunes (partout au Québec : 1 800 263-2266 ou www.teljeunes.com) ;
* composer le 9-1-1 (seulement en cas d'urgence).

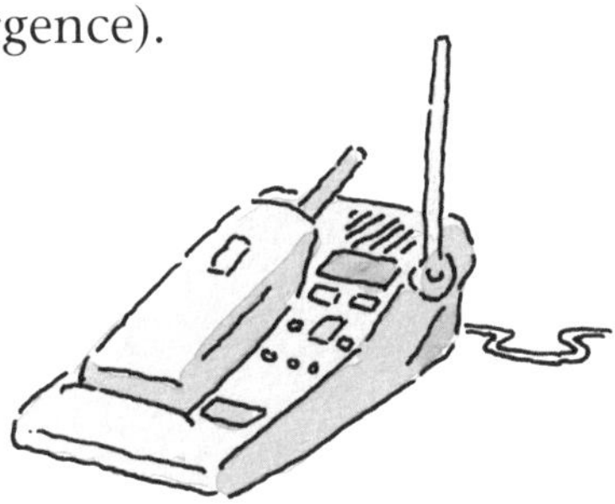

Les adultes peuvent t'aider

Voici quelques adultes auxquels tu peux te confier quand tu es en colère :

- ton père ou ta mère
- le chum de ta mère ou la blonde de ton père
- tes grands-parents
- un père ou une mère d'une famille d'accueil
- un oncle ou une tante
- le père ou la mère de ton ami
- un voisin que tu connais bien
- un professeur
- un conseiller à l'école
- un entraîneur sportif
- le directeur de l'école
- un médecin
- un conseiller professionnel, un psychologue ou un thérapeute

- un travailleur social
- un intervenant professionnel pour les enfants ou les jeunes
- un animateur de loisirs ou un conseiller de club social
- un ami adulte, comme un Grand Frère ou une Grande Sœur*

*Les Grands Frères et Grandes Sœurs sont une organisation d'adultes qui sont prêts à consacrer du temps à des jeunes. Si tu désires être jumelé à un Grand Frère ou à une Grande Sœur, appelle les Grands Frères Grandes Sœurs au 1 800 263-9133 (www.gfgsc.ca).

Quand tu choisis de te confier à un adulte, souviens-toi :

1. qu'il doit s'agir d'une personne en qui tu as confiance ;
2. que si tu n'obtiens pas l'aide désirée de cette personne (peu importe la raison), tu dois t'adresser à quelqu'un d'autre. **Ne te décourage pas :** continue à chercher jusqu'à ce que tu trouves celui ou celle qui t'aidera.

Chapitre 4

Les gens en colère n'ont pas d'allure !

Voici quatre histoires vraies qui relatent ce que certains jeunes ont fait quand ils étaient en colère. (On ne mentionne pas les noms pour préserver la confidentialité.)

Une jeune fille était toujours furieuse contre ses parents. Elle aimait bien « se venger » en faisant des trucs malveillants sans qu'ils s'en aperçoivent. Un jour, elle a pris la plus belle photo de famille et l'a déchirée en deux avant de la remettre dans son cadre. Une autre fois, elle a jeté des **raisins** sur le beau tapis du salon et les a **écrasés** avec ses pieds. Bien entendu, elle courait de plus en plus vers les ennuis quand elle agissait ainsi, et elle était de plus en plus en colère !

Un garçon et sa sœur avaient l'habitude de se disputer fréquemment. Ils se chamaillaient pour savoir à quel jeu ils joueraient ou qui s'assoirait sur la banquette avant dans la voiture. Un jour, le garçon était tellement fâché qu'**il s'empara** secrètement de l'animal en peluche favori de sa sœur et en fit cadeau à l'un de ses amis. À partir de ce moment, il agissait toujours ainsi quand il était de mauvaise humeur. Le problème, c'est que quand il s'était réconcilié avec sa sœur, il ne savait pas comment lui dire ce qu'il avait fait des objets qu'elle aimait et qu'il avait redonnés à d'autres — même quand sa sœur les cherchait désespérément. Par conséquent, il ne dit jamais rien et son comportement empira.

Une autre fille avait l'habitude de claquer **violemment** la porte de sa chambre chaque fois qu'elle était en colère. Au bout d'un certain temps, ses parents en ont eu assez. Ils lui demandèrent de cesser son manège, mais elle refusa. Quand elle recommença, ses parents enlevèrent tout simplement la porte. Ils lui dirent qu'ils ne la remettraient en place que quand elle aurait trouvé un autre moyen d'exprimer sa colère.

Comment penses-tu qu'elle se sentait quand elle devait s'habiller chaque matin alors qu'il n'y avait **plus de porte?**

Il y avait aussi ce garçon très sportif qui jouait au soccer et au football. Même s'il adorait ces sports, il était passablement enragé quand il courait sur le terrain. Il **donnait des ordres** à tout le monde et criait après ses camarades quand ils commettaient des erreurs. Quand il se comportait de cette façon, ses coéquipiers ne l'appréciaient pas beaucoup. Le garçon se fâchait contre lui-même aussi, lançant le ballon par terre furieusement ou sacrant s'il avait commis une erreur. Finalement, son père le retira des équipes dans lesquelles il jouait jusqu'à ce qu'il adopte un comportement plus sportif et donc plus amical. Son père voulait lui faire comprendre que les sports ne sont pas un prétexte pour se comporter brutalement avec tout le monde.

Il est vrai que la colère peut te rendre furieux. Mais ce n'est pas une raison pour te conduire méchamment ou commettre des actes mauvais comme…

* claquer la porte si violemment que les cadres **se décrochent des murs;**

* traiter ton professeur de **gros niaiseux;**

* accuser **le monde entier** de t'avoir mis en colère;

* renverser ton petit frère et **lui cracher au visage;**

* verser du **sel** en cachette dans le lait fouetté de ta sœur

ou

* rédiger un message rempli de bêtises et le remettre à la personne qui t'a mis en rogne. (Penses-y bien: le message est une preuve écrite que tu t'es comporté méchamment. La personne peut très bien le montrer à un adulte, et tu en paieras les conséquences.)

Que se passe-t-il quand tu fais quelque chose de stupide sous le coup de la colère?

TU REGRETTES

(Regretter veut dire que tu t'en veux
d'avoir fait quelque chose de mal,
mais qu'il est trop tard pour revenir en arrière.)

Te souviens-tu d'une occasion où tu étais en colère et où tu as fait quelque chose que tu as regretté par la suite? Peut-être que tu t'étais emporté et que tu t'es senti très mal à l'aise après. Peut-être que tu as engueulé quelqu'un sans t'être excusé ensuite. Peut-être que tu as frappé un être que tu aimes bien, comme ton ami ou ton animal préféré. Peut-être que tu as brisé un objet appartenant à quelqu'un d'autre. Ou peut-être que tu as brisé tes propres affaires.

Un comportement colérique n'arrange rien. Pire, la plupart du temps, il aggrave la situation.

Si tu as fait quelque chose récemment que tu regrettes maintenant et que tu ressens le besoin de t'excuser, n'hésite pas, vas-y! Il suffit de dire: «Je suis vraiment désolé. Peux-tu me pardonner?» L'autre personne et toi, vous vous sentirez bien mieux.

P.-S. - Si tu redoutes ce tête-à-tête, tu peux envoyer un message d'excuse à la place.

Chapitre 5

Cinq étapes pour modérer ta mauvaise humeur

S'il y a quelque chose de positif dans la colère, c'est tout ce supplément d'énergie qu'elle procure. Mais cette énergie peut t'amener à te battre ou à exploser de rage. Alors, qu'est-ce que tu es supposé faire avec toute cette énergie ?

Tu peux la transformer en un POUVOIR POSITIF ! Comment ? Pour commencer, tu dois

MODÉRER TA MAUVAISE HUMEUR !

Savais-tu que tu as la capacité d'en diminuer l'intensité ?

Pour savoir comment faire, continue de lire !

D'abord, tu dois faire **baisser la vapeur** pour te **calmer.** Tu pourras ainsi reprendre le contrôle de toi-même. Retourne au chapitre 2 pour revoir quelques trucs.

Quand tu te sentiras plus calme, tu seras prêt à modérer ta mauvaise humeur. Pour y parvenir plus facilement, suis les étapes suivantes :

Étape 1

Trouve les situations qui actionnent tes boutons de colère.

Tu peux probablement énumérer quelques éléments qui déclenchent ta colère. Peut-être même que la liste est très longue ! Imagine ces éléments comme tes boutons de colère. Tu deviens furieux quand on appuie sur ces boutons.

Voici quelques raisons qui provoquent la colère chez les jeunes :

* quelqu'un prend ou brise leurs affaires ;
* il se produit quelque chose qui leur semble injuste ;

* ils sont agacés ou bousculés ;
* on leur demande de faire quelque chose qu'ils ne veulent pas faire ;
* on les empêche de faire quelque chose qu'ils veulent faire ;
* on les met à l'écart d'un jeu ou d'une activité ;
* ils voient d'autres jeunes tricher ou déranger les autres ;

* on ne cesse de leur donner des ordres ;
* on les critique ;
* on ne leur porte pas suffisamment attention ;
* on les insulte par des remarques au sujet de leur origine ethnique, de leur religion, de leur aspect physique ou de toute autre caractéristique personnelle.

Il te serait utile de connaître tes boutons de colère. Essaie de les trouver. Tu peux même essayer d'en faire la liste. Alors, quand on pressera un de ces boutons, tu pourras t'arrêter, prendre une grande respiration et te ressaisir. Ce n'est pas parce qu'une situation t'a rendu furieux dans le passé que tu dois encore réagir de la même façon.

Étape 2

Reconnais les « signes d’avertissement » physiques de ta colère.

Si tu y portes bien attention, ton corps te dira quand tu es sur le point d’être en colère.

* Tu peux avoir plus chaud.
* Tu peux trembler.
* Tu peux croire que tes pensées sont hors de contrôle.
* Tu peux avoir mal à la tête ou au ventre.

* Tu peux te sentir nerveux, désemparé ou prêt à éclater.
* Tu peux avoir envie de crier ou de pleurer.

* Tu peux constater que tu serres les poings.

La prochaine fois que tu seras en colère, prends un instant pour noter comment ton corps réagit. Ce sont des signes d’avertissement. Considère-les comme tes signaux d’alarme personnels.

Étape 3

Fais une pause et réfléchis.

La colère est une émotion compliquée. On peut même la qualifier de « visage à deux faces ». C'est parce qu'elle masque souvent un autre sentiment.

La colère est parfois un paravent qui dissimule :

* de la frustration,
* de la peur,
* de la tristesse,
* de la honte,
* de la déception,
* de la jalousie,
* de la culpabilité.

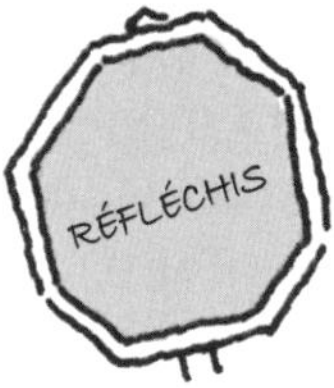

Pourquoi cette **dissimulation?** Peut-être parce qu'il est difficile de faire face aux sentiments qu'elle cache ou d'en parler. Il est plus facile de se mettre en colère que de s'avouer qu'on est déçu, jaloux de quelqu'un ou honteux d'avoir fait quelque chose.

La prochaine fois que tu seras en colère, fais une pause et réfléchis à ce qui se passe. Demande-toi :

Voici un exemple :

Disons que ta meilleure amie a été élue présidente de la classe et est devenue le centre d'attraction grâce à cette élection. Tu l'as aidée à obtenir des votes et tu es contente qu'elle ait gagné, mais il semble que personne ne sache à quel point tu as contribué à sa victoire. Tu te sens en colère quand tes camarades vont trouver ton amie pour la féliciter. Voilà la réponse à la question : « **Que s'est-il passé ?** »

Peut-être que face au succès de ta copine tu t'es sentie jalouse et mise de côté — même s'il y a une partie de toi qui est contente qu'elle ait gagné. Tu as peut-être ressenti ces émotions en même temps que ta colère. Ou peut-être les as-tu ressenties avant de te mettre en colère. Voilà la réponse à la question : « **Qu'est-ce que j'ai ressenti d'autre quand ça s'est produit ?** »

Voici un autre exemple :

Supposons que tu t'es mal conduit avec ton petit frère et son ami. Ton père ou ta mère l'a appris et t'a puni. **Voilà ce qui s'est passé.**

Quand tu t'en prenais aux deux plus jeunes, peut-être te sentais-tu fort et puissant. Ou peut-être te sentais-tu coupable ou malheureux. (Ces sentiments sont habituellement des signes de colère.) Alors, quand tes parents t'ont puni, tu peux t'être senti désolé de ce que tu avais fait ou déçu d'avoir manqué une activité que tu comptais faire. Et tu t'es mis en colère. **Ce sont là des sentiments que tu peux avoir ressentis durant cette situation.**

Si tu es capable de répondre à ces deux questions importantes, tu pourras mieux comprendre ce que tu ressens vraiment et savoir s'il est nécessaire que tu en parles à quelqu'un. En outre, tu *réfléchiras* plutôt que de te laisser aller à ta colère.

Par contre, il est possible que
tu sois tout simplement

FURIEUX.

Qui ne le serait pas si sa sœur avait fracassé volontairement son jeu vidéo favori ou s'il pleuvait le jour du fameux tournoi de soccer et que tous les matchs étaient annulés ? Même s'il ne s'agit que de fureur momentanée, il vaut la peine de faire une pause et de réfléchir aux deux questions. Agir ainsi rend plus facile le passage à l'étape suivante.

Étape 4

Enferme ta rage dans une cage.

La colère est une émotion forte, mais **TU es plus fort!** Tu peux choisir le bon comportement à adopter. Il faut être fort pour faire le bon choix, **mais tu es capable!**

Si tu commences à te sentir en colère, retiens-toi. Éloigne-toi de l'objet de ta colère autant que possible. Si tu es furieux contre un professeur, un parent ou un autre adulte, tu devrais d'abord dire: «J'ai besoin de quelques instants pour me ressaisir» ou «Il me faut une minute pour me calmer.» S'il s'agit d'un ami, tu peux dire les mêmes choses. Ou juste dire que tu as besoin de faire une petite pause. Rends-toi à la salle de bain la plus proche et asperge ton visage d'eau froide. Bois de l'eau, aussi. (Ce sont des trucs rapides pour décompresser.)

N'oublie pas de RESPIRER!

Quelques respirations profondes t'aideront à avoir les idées plus claires. Rappelle-toi cette phrase :

Si tu veux vraiment relaxer, fais l'exercice présenté aux pages 15 et 16.

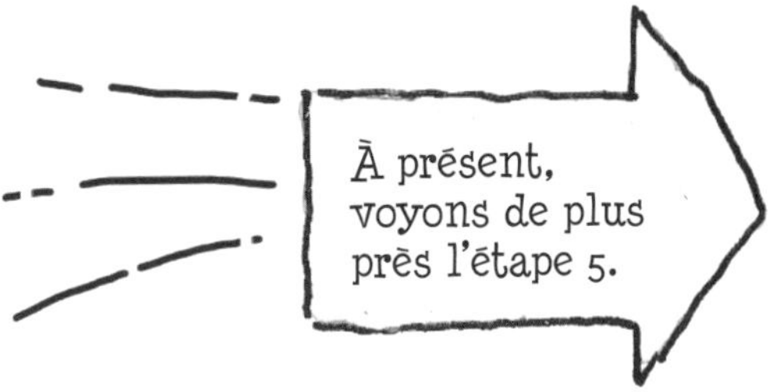

Étape 5

Décide de ce que tu vas faire.

Une fois que tu t'es ressaisi, c'est le moment d'envisager ce que tu vas faire à propos de ce qui a causé ta colère. Faire quelque chose est important parce que ça signifie que tu agis. Il est cependant essentiel de ne pas faire quelque chose de négatif, comme frapper quelqu'un ou l'insulter. Tu voudrais certainement faire un *bon choix*, pas un mauvais. Quand tu fais un bon choix, tu montres à ta colère que c'est **TOI le patron.**

Voici trois actions positives que tu peux poser :

Parles-en. Le mot-clé ici, c'est *parler.* Quand tu es en colère, tu peux avoir envie de hurler ou de crier à tue-tête. Ou tu peux avoir le goût de ne plus parler à personne. Essaie plutôt de dire à quelqu'un comment tu te sens. Te confier à des adultes peut t'aider, mais tu peux obtenir le même résultat en parlant à des amis qui sauront t'écouter. Demande-leur leur avis. Il ne s'agit pas ici de trouver des amis qui vont se ranger de ton côté et être d'accord avec toi. Il s'agit de se mettre à plusieurs pour résoudre un problème de la meilleure façon qui soit.

Tu peux décider de parler à la personne qui t'a mis en colère. Il y a des façons positives de procéder. Les chapitres 6 et 7 te fourniront d'autres idées utilisant les mots et les conversations pour résoudre les problèmes liés à la colère.

Réagis sur-le-champ. Supposons que tu es en colère parce quelqu'un t'a insulté. Dis à la personne ce que tu ressens. Tu peux lui dire : « Je n'ai pas aimé ce que tu m'as dit. Je mérite plus de respect. » Ou disons que l'on t'a traité injustement, tu peux réagir en disant : « Cette situation est injuste. Laissez-moi vous dire ce qui s'est réellement passé ».

Exprime tes émotions. Beaucoup de gens ont découvert qu'écrire ce qu'ils ressentaient représentait un des meilleurs moyens de maîtriser leurs émotions. Tu peux parler de tes émotions dans ton journal intime. Tu peux composer un poème ou une chanson. Tu peux décrire comment tu te sens et ce que tu fais quand tu es en colère, ou écrire ce que tu peux faire pour changer tes mauvaises habitudes.

Peut-être que tu es plus à l'aise dans le dessin, la peinture ou une autre forme d'art. Exprime-toi avec de la pâte à modeler ou fabrique un objet avec un marteau et des clous. Tu peux aussi jouer de ton instrument de musique préféré ou chanter pour exprimer tes émotions.

La page 45 te présente un résumé des étapes pour modérer ta mauvaise humeur. Tu peux photocopier cette liste pour l'avoir à portée de la main dans ta poche ou dans ton sac à dos. Fais-en une copie supplémentaire que tu fixeras sur ton babillard ou sur un miroir à la maison. C'est un excellent aide-mémoire qui te rappellera que tu peux maîtriser ta colère avant qu'elle n'exerce toute son emprise sur toi.

5 étapes pour modérer ta mauvaise humeur

1. Trouve les situations qui actionnent tes **boutons de colère.**

2. Reconnais les **signes d'avertissement** physiques de ta colère.

3. Fais une **pause** et **réfléchis.**

4. Enferme ta **rage** dans une **cage.**

5. **Décide** de ce que tu vas **faire.**

Chapitre 6

Le pouvoir des mots

Si tu veux exprimer ta colère, il est utile de connaître des mots correspondant à ce que tu ressens. En voici quelques-uns qui se rapportent à la colère. Tu peux sans doute en trouver d'autres.

Les mots négatifs de la colère

HURLER

furibond

furieux

monter sur ses grands chevaux

EN FURIE

ENRAGÉ

péter les plombs

irrité

PESTER

fâché

EN COLÈRE

hostile

choqué

perdre son sang-froid

exploser

tonitruer

RUGIR

avoir les nerfs à vif

agressif

s'emporter

BOUILLIR

FULMINER

Voici maintenant quelques mots **positifs** par rapport à la colère. Ce sont des mots qui expriment ce que tu voudrais ressentir et ce que tu peux effectivement ressentir une fois que tu as canalisé ta colère de manière positive.

Les mots positifs de la colère

l'esprit clair **confiant** lucide

sang-froid

fort **heureux**

POSITIF

cool

réfléchi **content** **sage**

en contrôle

capable **relaxe** se dominer

en paix **soulagé** fier

calme **attentif**

Sacres-tu à l'école ou à la maison ? Entends-tu beaucoup de « gros mots » dans ton milieu ? Pas mal de gens sacrent quand ils sont en colère — et même quand ils ne le sont pas. Les gros mots peuvent être blessants et embarrassants. En outre, ils peuvent te rendre encore plus furieux. Utilise plutôt « les mots négatifs de la colère » pour dire ce que tu éprouves.

Souvent, quand tu es fâché contre quelqu'un, tu as besoin d'en parler. Sinon, tu risques de tomber dans le «jeu des reproches mutuels» où les deux protagonistes deviennent de plus en plus furieux.

Parfois, il peut sembler étrange de parler à quelqu'un contre qui tu es fâché. Tu peux même penser qu'il serait plus facile de te disputer, d'être glacial avec lui ou de t'esquiver. Mais agir ainsi ne règle aucun problème. Lui parler en tête-à-tête est un meilleur moyen de maîtriser la situation.

Comment utiliser les « messages au Je »

(et éviter le jeu des reproches mutuels)

Tu peux t'exprimer sur ce qui s'est passé en utilisant des «**messages au Je**». Ces messages sont bien utiles quand tu es fâché contre quelqu'un. Ils te permettent de dire ce que tu ressens... sans blâmer l'autre. Peut-être qu'à l'intérieur de toi, tu aimerais bien blâmer l'autre, mais en agissant ainsi, tu le provoqueras et il répliquera. Or, les «messages au Je» sont positifs. Ils peuvent contribuer à entretenir une discussion calme et empreinte de respect.

Voici comment fonctionnent les «messages au Je». Supposons que ton frère ou ta sœur fouille toujours dans tes affaires et les utilise:

Dis ce que **tu ressens.** Sers-toi du «Je»:

Dis **ce qui t'a conduit** à éprouver ce sentiment :

Dis **pourquoi** tu éprouves ce sentiment :

Dis ce que tu voudrais qu'il se passe pour **régler** le problème :

Voici d'autres exemples de **messages au «Je»** :

Émilie, j'étais en colère quand tu as ri de moi dans le gymnase. C'était gênant pour moi; je croyais que tu étais mon amie. J'ai besoin de savoir pourquoi tu as agi ainsi et si je peux espérer que tu ne recommenceras pas.

J'étais furieux quand tu as accaparé le téléphone toute la soirée, Jérémie. J'ai pensé que ce n'était pas correct. J'ai besoin de parler à mes amis, moi aussi. J'aimerais bien avoir du temps pour les appeler.

Maman, je suis frustré quand je dois rester à la maison les samedis après-midi pour garder les plus jeunes. Je ne peux aller m'amuser avec mes amis. J'aimerais discuter avec toi pour avoir quelques congés.

Si ce n'est pas possible de parler à la personne directement, tu peux lui téléphoner ou lui écrire un mot pour lui transmettre ton « message au Je ».

> Cher Nicolas,
>
> Je n'ai pas du tout aimé ça quand Éric et toi m'avez joué ce tour, parce que c'était méchant de votre part. Je me sentirais mieux si vous vous excusiez.
>
> - Hugo

Il faut **s'entraîner** pour bien maîtriser les « messages au Je ». Habitue-toi à dire clairement ce que tu ressens et à demander ce que tu veux. Regarde bien les résultats obtenus. Te sens-tu plus fort et plus confiant quand tu utilises ce genre de message ? Les autres sont-ils plus disposés à discuter ?

Comme tu peux le constater, **les mots ont beaucoup de pouvoir :** ils peuvent blesser ou aider. Quand tu te sers des mots positivement, tu as plus de chances d'obtenir un résultat **positif.** Cela veut dire que tu es sur le point de régler un problème de colère.

Chapitre 7

Six étapes pour résoudre les problèmes de colère

As-tu déjà eu ce genre de conversation alors que tu étais fâché ?

« C'est quoi, ton PROBLÈME ? »

« J'ai pas de problème.
C'est TOI qui as un problème. »

« Vraiment ? »

« Ouais ! »

« T'es un bon à rien. »

« C'est toi la bonne à rien ! »

« La ferme ! »

« Toi, la ferme ! »

« Vraiment ? »

« Ouais ! »

« C'est quoi,
ton PROBLÈME ? »

« J'ai pas de problème.
C'est TOI qui as un problème. »

Cette discussion pourrait se poursuivre éternellement. Toutefois, dans l'histoire du monde, une discussion de ce genre n'a **JAMAIS** résolu un problème.

Si tu veux avoir une discussion qui donne *réellement* des résultats, c'est possible. Tu peux ainsi apprendre à régler des conflits, que ce soit avec d'autres jeunes ou avec des adultes. C'est une autre façon de convertir ta colère en **pouvoir positif.**

Avant d'essayer de régler un conflit avec quelqu'un d'autre, tu dois t'assurer d'être calme. D'abord, efforce-toi de modérer ta mauvaise humeur (voir le chapitre 5). De cette façon, tu pourras mieux te préparer à faire face au problème. Une fois que c'est fait, tu peux suivre les six étapes que nous te proposons...

Étape 1

Prépare-toi à la discussion.

Débarrasse-toi des « mots négatifs de la colère » qui sont dans ton esprit et décide-toi à aborder le sujet de discorde avec la personne concernée. Prends quelques respirations profondes au besoin. Te sens-tu nerveux ou chamboulé à l'idée de faire face à la personne ? Souviens-toi que la discussion est l'une des meilleures façons de **résoudre des problèmes.** Tu fais ce qu'il faut.

Étape 2

Expose le problème.

Disons qu'un bon ami a révélé un de tes secrets. Tu es en colère et tu crois que tu ne pourras plus jamais faire confiance à cet ami. Sois honnête quand tu exposeras le problème, mais reste calme et limite-toi aux faits. Voici ce que tu pourrais dire : « Je t'avais confié un secret et j'ai appris que d'autres sont au courant. Peut-on en discuter ? »

* **Si la personne refuse,** demande-lui s'il y a un meilleur moment pour en parler. Les deux protagonistes doivent s'entendre pour discuter avant d'aller plus loin. Si la personne te tourne le dos et ne veut pas discuter, tu peux dire : « Je suis désolé que tu refuses la discussion. J'étais furieux quand j'ai appris que d'autres savaient ce que je t'avais confié. Je ne te confierai plus jamais rien désormais. » Même si tu as envie de dire des gros mots, ne le fais pas. Tu peux t'en aller en te disant que tu as fait ce qu'il fallait. Tu désireras peut-être parler à un autre ami ou à un adulte, surtout si tu es encore en colère ou bouleversé.

* **Si la personne accepte,** dis exactement ce que tu ressens. Tu pourrais commencer par dire : « Je sais que tu as dévoilé mon secret. Je pensais que je pouvais avoir confiance en toi. Pourquoi as-tu parlé alors que je t'avais demandé de ne pas le faire ? » La clé ici est de parler calmement, mais franchement. Essaie de ne pas hausser le ton.

Étape 3

Écoute l'autre personne.

Peut-être que ton ami va tenter de s'expliquer. Écoute-le attentivement :

* **Regarde-le** et approuve d'un signe de tête quand tu as compris.
* **Ne l'interromps pas.**
* **Répète en tes propres mots** ce que tu crois qu'il voulait dire – pour t'assurer que tu as vraiment compris. (« Je comprends que tu as parlé à Juliette parce tu pensais qu'elle ne dirait rien » ou « Comme ça, tu n'as rien dit. C'est Juliette qui a entendu ce que nous disions ? » ou encore « C'était un hasard, puisque tu as oublié la note que je t'avais transmise sur la banquette de l'autobus. »)
* **Pose des questions** s'il y a quelque chose que tu n'as pas compris.

Ce n'est pas le temps d'intervenir et de faire des commentaires : contente-toi d'écouter. L'objectif ici est de donner la chance à l'autre de s'expliquer ou de donner sa version des faits. C'est aussi une occasion pour l'autre de s'excuser. Libre à toi d'accepter ses excuses. Et tu auras à décider si tu pourras lui faire confiance de nouveau.

Étape 4

Décris ce que tu ressens.

Dis à l'autre personne ce que tu ressens maintenant et ce que tu aurais souhaité qu'il se passe. Utilise la méthode des « **messages au Je** ».

Par exemple :

Ou encore :

> Quand je t'ai confié un secret et que tu l'as révélé à d'autres, je me suis senti gêné. Maintenant les autres rient de moi. J'ai besoin que tu sois mon ami et que tu sois là pour moi, pas que tu me mettes dans l'embarras.

Ou si c'est un accident (l'autre ne l'a pas fait exprès), tu peux dire :

> J'étais vraiment furieux et gêné quand les autres ont su ce que je t'avais confié. Je sais que c'est un accident et je ne t'en veux plus. Mais j'ai besoin de savoir que tu feras plus attention la prochaine fois.

Étape 5

Trouve des idées pour résoudre le problème.

D'abord, passe en revue toutes les idées qui te viennent à l'esprit, même les plus folles. Puis propose celles qui te semblent les plus réalistes et discutes-en. Par exemple :

* Peut-être que ton ami serait prêt à promettre de ne plus recommencer et tu pourrais ainsi lui donner une autre chance.

* Peut-être que ton ami préfère ne pas recevoir tes confidences. Donc, il vaudrait mieux ne rien lui dire.

* Peut-être qu'il serait préférable de ne plus mettre tes secrets par écrit.

* Peut-être qu'il serait plus sage de ne plus confier de secrets à ton ami.

Étape 6

Choisis une solution.

Tu pourrais dire : « Essayons ceci. Va dire à Juliette que c'était une erreur de trahir un secret et que tu souhaiterais qu'elle arrête de m'agacer. Je vais lui dire moi aussi que je n'aime pas me faire agacer. Maintenant, il me faut du temps pour décider si je peux encore te confier des secrets. » Donnez-vous une échéance pour voir si cette solution est convenable.

S'il n'est pas possible de résoudre le problème parce que l'autre personne ne coopère pas, tu peux décider d'adopter une autre approche. Tu pourrais par exemple :

* ne plus rien partager avec cette personne désormais ;
* ne plus la fréquenter du tout ;
* parler à un adulte de confiance pour savoir quoi faire.

Tu peux avoir l'impression qu'il y a beaucoup de choses à retenir! Mais une fois que tu seras habitué à aborder les problèmes de cette façon, ce sera de plus en plus naturel de le faire.

Si tu te sens plus à l'aise de procéder en téléphonant à la personne, c'est correct aussi. Plus tard, tu en viendras à pouvoir discuter en tête-à-tête. Tu peux répéter ce que tu veux dire devant un miroir. Ou encore demander à quelqu'un, un parent ou un ami, de **jouer le rôle** de la personne avec qui tu veux discuter. Cette petite mise en scène t'aidera à te préparer à parler « pour de vrai » à la personne quand tu seras prêt.

Essaie ceci...

Lis bien toute la mise en situation qui suit. Quand ce sera fait, recommence à partir du début. Cette fois, cherche à repérer chacune des six étapes de la résolution de problèmes.

* Donne-toi un point pour chaque étape que tu trouveras.
* Donne-toi un point supplémentaire chaque fois que tu reconnaîtras des « messages au Je ».
* Donne-toi deux points supplémentaires si tu peux trouver d'autres « messages au Je » qui pourraient être utiles ou d'autres solutions au problème.

Mise en situation

Supposons que tu as reçu un jeu vidéo pour ton anniversaire. Tu adores y jouer. Mais chaque fois que tu t'installes pour jouer, ton grand frère surgit et veut jouer lui aussi. Puis il crie et te dit comment jouer — et c'est la dernière chose que tu souhaites. Tu voudrais hurler: «Débarrasse, ôte-toi de sur mon dos!»

C'est fâchant et frustrant. Ton frère agit comme un «petit boss» et tu ne peux plus le supporter. Tu éteins le moniteur, prends le jeu (donc, il ne pourra pas y jouer non plus) et t'en vas.

Après avoir fait quelques acrobaties sur ton vélo avec tes copains pendant quelque temps, tu es plus calme et prêt à rentrer à la maison. Tu penses à la façon dont tu vas aborder la question avec ton frère.

Tu entres, ton frère est à table en train de manger du macaroni au fromage. Il n'y a personne alentour et tu dis: «J'ai besoin de te parler au sujet de ce qui se produit quand je joue avec mon nouveau jeu vidéo. Parfois, je veux juste jouer tout seul, mais tu arrives et tu commences à me dire quoi faire. Je n'aime pas ça. Est-ce le bon temps pour en discuter?»

Voici comment la discussion pourrait se dérouler :

Lui: Qu'est-ce qui ne va pas ? Je fais juste regarder. Tu ne sais même pas jouer comme il faut. Tu as besoin de toute l'aide qu'on peut te donner !

Toi: Donc, tu essaies de m'aider ?

Lui: Bien, non... C'est difficile de simplement te regarder. Tu ne joues pas assez vite et tu te trompes la moitié du temps.

Toi: Dans le fond, ça te frustre de me regarder jouer.

Lui: C'est ça.

Toi: Je suis frustré moi aussi quand tu arrives et que tu te mets à m'engueuler. C'est comme si tu voulais prendre ma place, alors que je veux jouer à ma façon.

Lui: C'est un jeu d'intelligence et tu joues comme un idiot. Tandis que moi, je pourrais être tellement meilleur !

Toi: Oui, mais c'est MON jeu et je pense que j'ai le droit d'y jouer comme je veux. Mais je serais d'accord pour te le prêter de temps en temps.

Lui: OK, d'abord !

Mais si la personne avec qui tu veux résoudre le problème ne veut pas coopérer? **Ne lâche pas!** Dans ce cas, tu pourrais dire à ton frère:

Je désire vraiment qu'on règle le problème.
As-tu une autre idée?

Ou

C'est comme si tu trouvais que j'exagère.
Mais c'est important pour moi.
Es-tu prêt à en discuter avec moi?

Si ton frère est d'accord, vous pouvez discuter de solutions ensemble. Peut-être que vous pourriez jouer à tour de rôle, un jour sur deux, par exemple. Ou tu pourrais accepter qu'il joue avec toi de temps en temps, mais pas tout le temps. Il pourrait peut-être te convaincre que ses conseils t'aideront à améliorer ton score. À moins qu'il comprenne que sa présence te gêne vraiment et qu'il accepte de cesser son manège. Quand on commence à discuter sérieusement de solutions avec quelqu'un, on est parfois surpris des idées qui jaillissent. Une fois que vous aurez décidé d'essayer une solution, tu peux mettre fin à la discussion en disant quelque chose comme ceci :

OK. Tu me laisses en paix et je te laisse jouer à mon jeu une fois de temps en temps. Est-ce qu'on peut essayer cette solution jusqu'à lundi prochain et voir si elle nous satisfait tous les deux ?

Évidemment, si ton frère ne veut pas discuter, ou s'il continue comme avant et te rend encore plus furieux, tu devras trouver une autre façon de résoudre le problème. Peut-être que ton père ou ta mère peuvent t'aider à trouver ce que tu dois faire. Peut-être que tu peux essayer de reparler à ton frère plus tard.

Ou peut-être que tu te rends compte que ton frère ne changera pas et que tu devras faire face à la situation en te «collant» contre la télévision pour l'empêcher de regarder. De cette façon, peut-être que la situation tournera à la rigolade et que ton frère ne se fera pas aussi insistant que ça. Parfois, l'humour aide à désamorcer une situation délicate. Il y a **deux choses importantes** à te rappeler en matière de résolution de problèmes:

1. Tu es responsable de ta propre colère.
2. Tu n'es **PAS** responsable de la colère des autres.

Donc, tu n'as pas à te blâmer si l'autre personne reste en colère ou ne veut pas discuter.

Quand tu cherches à résoudre le problème, même si l'autre personne refuse de coopérer, tu prends en charge ta propre colère. Donne-toi deux points de plus pour avoir converti ta colère en **pouvoir positif!**

La page 70 te présente un résumé des étapes pour résoudre les problèmes de colère. Tu peux photocopier cette liste pour l'avoir à portée de la main dans ta poche ou dans ton sac à dos. Fais-en une copie supplémentaire que tu fixeras sur ton babillard ou sur un miroir à la maison. C'est un excellent aide-mémoire qui t'aidera quand tu seras prêt à discuter d'un problème avec quelqu'un.

6 étapes pour résoudre les problèmes de colère

1. Prépare-toi à la discussion.
Il faut que tu sois calme.

2. Expose le problème.
Expose-le clairement,
mais de manière respectueuse.

3. Écoute l'autre personne.
Approuve d'un signe de tête.
Répète ce que tu penses que la personne
a voulu dire. Pose-lui des questions
si tu ne comprends pas.

4. Décris ce que tu ressens.
Utilise des « messages au Je ».

5. Trouve des idées pour résoudre le problème.
Essaie de trouver plusieurs bonnes idées.

6. Choisis une solution.
Fixe-toi aussi un délai pour voir
si ça fonctionne.

Chapitre 8

Le radar de la colère

Maintenant que tu en sais un peu plus sur la colère, tu peux apprendre à te servir de ton radar de la colère. Cela signifie que tu seras capable de capter les « vibrations » colériques autour de toi, n'importe quand.

Il est relativement facile de savoir quand certaines personnes sont enragées. Tout ce que tu as à faire, c'est de regarder leur expression faciale. Mais parfois, les gens cherchent à dissimuler leur colère. Ils peuvent sembler paisibles ou même présenter un visage tout à fait neutre. C'est le moment de sortir ton radar pour relever d'autres indices qui permettent de savoir s'ils sont en colère.

La personne peut :

* se taire ;
* sacrer beaucoup ;
* vouloir être seule tout le temps ;
* penser à des façons de nuire à d'autres ou ruminer une vengeance ;
* jouer de sales tours ou faire de vilaines plaisanteries ;
* avoir des idées de fugue, en parler ou écrire sur de tels projets ;
* essayer par des moyens détournés d'exprimer ses sentiments destructeurs, par exemple par des graffitis ou des vols, ou en causant des dommages aux biens des autres ;
* expérimenter des comportements dangereux ou nocifs, comme fumer des cigarettes ou inhaler des produits en aérosol ;
* se mettre à manger tout le temps ou cesser de manger carrément.

Parfois, les gens en colère pratiquent des activités à haut risque. Plutôt que de composer avec leurs émotions, ils vont essayer de les « engourdir » ou de les contenir en faisant usage d'alcool ou d'autres drogues. Les jeunes qui boivent ou qui se droguent pour résoudre leurs problèmes peuvent se sentir différents un certain temps, mais pas forcément mieux. Et tôt ou tard, ils finissent par se sentir très mal.

Parfois, les jeunes en colère vont essayer de reporter leur agressivité sur des plus jeunes ou des êtres sans défense. Or, frapper un enfant ou un animal ne règle jamais un problème.

Si tu vois quelqu'un se comporter de la sorte, ou si toi-même tu agis ainsi, tu ferais mieux de chercher de l'aide auprès d'adultes. Chercher de l'aide est une façon de faire usage de ton **pouvoir positif.** (Pour en savoir davantage sur le pouvoir positif, consulte les chapitres 5 et 7.)

Une personne en colère peut aller jusqu'à se servir d'une arme, comme un couteau ou un fusil, pour se venger des gens ou leur montrer qu'elle est furieuse. Mais les armes NE SONT PAS UNE SOLUTION. Si tu es en colère à ce point, ou si tu constates que quelqu'un en est rendu là, cherche de l'aide au plus vite. Va vers un adulte sur-le-champ. (Cours, ça ira encore plus vite !) Confier à quelqu'un tes sentiments ou tes craintes peut vraiment faire du bien. Même si tu ne fais que présumer qu'une personne est armée sans en être sûr, préviens un adulte. Celui-ci pourra t'aider, toi et les autres, à vous mettre en sécurité.

Tu peux également utiliser ton radar de la colère de différentes manières. Quand il est en fonction, tu peux constater que les comportements empreints de colère se retrouvent partout, même à des endroits que tu n'aurais pas soupçonnés. Comme à la télé, dans les jeux vidéo ou dans Internet.

Par exemple : tu es assis chez toi tranquillement et tu regardes la télé. Tu n'es pas en colère, tu es calme, cool, tu te sens très bien... Une minute ! Selon les spécialistes, tu peux être témoin de plus de 20 actes de violence à chaque heure. Des actes comme hurler, frapper, bousculer, donner des coups de pied ou même tuer. Quand tu atteindras l'âge de 18 ans, tu auras vu environ 200 000 actes de violence à la télé.

OUF !!!

Même si tu sais bien que ce que tu vois à la télé n'est pas réel (comme les dessins animés et les films d'action), tu peux devenir plus agressif. Tu peux ressentir le besoin urgent de te comporter rudement envers quelqu'un. Après tout, tu vois les « bons » rudoyer les « méchants » tout le temps et devenir des héros à cause de ça.

Pendant que tu regardes des émissions violentes à la télé ou que tu entends des histoires horribles aux nouvelles, tu peux avoir une autre réaction : la peur. Tu peux te mettre à croire que le monde est un endroit mauvais peuplé de vilaines personnes. Et quand tu vois quelque chose de violent dans la vie réelle, tu peux penser que c'est « normal » ou « correct ». Tu peux penser que la violence fait partie de la vie. Et tu peux penser que tu ne peux rien y faire. Mais **tu peux faire quelque chose !**

Encore plus troublant, tu peux voir des gens autour de toi — des adultes que tu admires — se comporter de manière agressive. Par exemple, certaines personnes se mettent souvent en colère ou piquent une crise de nerfs chez elles. (Tu peux lire davantage à ce sujet au chapitre 9.) Cela peut te porter à croire que les gens en colère sont toujours bruyants, mesquins et menaçants — ou que ces comportements sont normaux. **Mais ce n'est pas le cas !**

Parfois, les gens que tu vois en colère sont tes héros. Par exemple, tu peux voir des athlètes populaires engueuler des adversaires ou les bousculer durant les matchs. Tu peux même apprendre qu'ils se comportent aussi désagréablement en dehors du stade. Par exemple, en commettant des excès de vitesse, en portant des fusils ou d'autres armes, en frappant leurs proches. Et comme tu admires leurs exploits sportifs, tu peux croire qu'il te faut aussi admirer tout ce qu'ils font. **Mais ne crois pas ce genre de chose!**

Ici, ton radar de la colère peut t'aider. Utilise-le pour prendre conscience des actes de violence à la télé, au cinéma, aux nouvelles, ou même dans les jeux vidéo. Réfléchis à ce que tu ressens quand tu es exposé à des comportements brutaux ou agressifs. Te souviens-tu des signes d'avertissement de la colère (page 35) ? Examine-toi un moment pour savoir si ton corps ne t'enverrait pas certains de ces signaux. Sens-tu la colère monter en toi ? Souviens-toi que tu mènes le jeu. Il suffit d'un petit geste du doigt pour éteindre la télé, le lecteur DVD, l'ordinateur ou la console de jeu.

Et puis…

Fais une pause.

Décompresse.

Trouve une meilleure activité à la place.

Si tu es bouleversé ou confus au sujet des adultes qui se comportent agressivement, parles-en à quelqu'un. Raconte-lui comment tu te sens. Demande de l'aide au besoin.

Tu peux aussi te servir de ton radar pour repérer quelque chose d'encore plus important : un modèle qui peut vraiment t'inspirer. Connais-tu quelqu'un que tu admires ? Qui se comporte bien envers les autres et leur montre du respect ? Quelqu'un qui, à ce que tu saches, reste toujours *cool* et calme ? Quelqu'un qui exprime franchement ses opinions ? Quelqu'un qui milite pour la paix ? Fais de cette personne le guide qui inspirera ta conduite et ton attitude dans la vie.

Chapitre 9

Que faire si…?

Oui, tu veux bien maîtriser ta colère, mais… Que faire si des obstacles se dressent sur ton chemin? Tu dois les surmonter! Par exemple…

«Que faire si les adultes qui m'entourent ne veulent pas m'aider à maîtriser ma colère?»

Il peut arriver que des adultes ne soient pas à l'aise avec la colère. Peut-être que ton père te dit: «Ne t'emporte pas comme ça». Ou que ton professeur te dit: «Je ne veux pas entendre de gros mots dans ma classe».

Quand des adultes te disent de telles choses, tu peux avoir l'impression qu'ils espèrent seulement que tu arrêtes d'être fâché. Ils peuvent même te laisser entendre qu'il y a quelque chose d'incorrect à éprouver un sentiment de colère. **(Ce qui n'est pas le cas.)**

Il peut sembler qu'ils ne disent pas vraiment ce qu'ils pensent.

Quand un adulte dit :

ou

Il peut vouloir dire :

ou

Essaie de parler en privé à ton père ou à ton professeur à ce sujet. Tu pourrais dire: «Quand je suis en colère, c'est comme si tu me disais que ce n'est pas correct. Or, tout le monde se met en colère de temps en temps. J'aimerais avoir de l'aide pour savoir quoi faire quand ça m'arrive».

Ton père peut être content de discuter avec toi quand tu lui fais savoir que tu as besoin d'aide. Si ce n'est pas le cas, cependant, ne renonce pas à trouver un moyen de parler à quelqu'un de ce que tu ressens. Adresse-toi à un autre adulte en qui tu as confiance.

«Que faire si je suis confronté à un problème d'intimidation?»

En général, les jeunes qui en intimident d'autres sont en colère. Ils pensent que s'en prendre à d'autres leur donne du pouvoir. Voici ce qu'il faut «faire ou ne pas faire» si quelqu'un te harcèle ou t'intimide avec des mots.

N'ignore pas celui qui t'intimide. Souvent, l'ignorer risque d'empirer les choses, car il réagira. Il t'intimidera davantage ou te lancera des injures.

Confronte celui qui t'intimide. Il ne s'y attend probablement pas. Garde un ton calme, posé et ferme. Tu pourrais dire : « Cesse ton petit jeu. Ça ne me plaît pas » ou « Je te dénonce si tu ne me laisses pas tranquille ».

Si on te menace physiquement…

Ne riposte pas. Quelqu'un pourrait être blessé et, de toute manière, la bagarre ne fait qu'accroître la colère.

Mets-toi en sécurité. Reste calme et éloigne-toi. Dirige-toi vers un endroit où il y a beaucoup de monde. Les voyous n'aiment pas être en minorité.

Un groupe de voyous s'appelle une bande (on dit plutôt une « gang » au Québec). Si une gang te pourchasse ou si quelques jeunes te menacent avec une arme quelconque…

CRIE!

Sauve-toi.

File rapidement vers un endroit sécuritaire.

Préviens quelqu'un qui peut intervenir.

Souviens-toi: peu importe qui t'intimide ou de quelle manière…

* Ce n'est **pas ta faute.**
* Hurler ou te battre ne t'aidera pas.
* Les adultes doivent savoir ce qui se passe pour pouvoir t'aider à te mettre en sécurité. Ils peuvent aussi intervenir pour aider l'agresseur à se calmer ou à cesser ses menaces.

« Que faire si un adulte est en colère ? »

Tout le monde se met en colère. Les garçons, les filles, les amis, les frères, les sœurs, les cousins — même les bébés sont parfois en furie ! Eh oui, les adultes aussi. Rien de plus normal ! Les professeurs, les parents, les entraîneurs, les animateurs de loisirs, les policiers, les conducteurs d'autobus et les employés de cafétéria sont tous susceptibles de se mettre en colère.

Chez les adultes comme chez les enfants, certains se maîtrisent mieux que d'autres.

Peut-être as-tu déjà vu des adultes se comporter comme dans les deux exemples qui suivent…

Un enseignant de musique en sixième année avait un « méchant » tempérament. Les élèves de sa classe ne savaient pas quoi faire. L'enseignant criait à tue-tête quand il était en colère. Quand les élèves n'arrivaient pas à jouer correctement, il frappait parfois son bureau si fort qu'il en **brisait** sa baguette !

Un jour, il lança violemment toutes ses feuilles de musique durant un cours. Il était très dur et les jeunes n'étaient pas très à l'aise pour jouer de leurs instruments ou poser des questions. Ils ne savaient jamais quand il allait exploser.

Quand un adulte hurle, casse des choses, lance des objets ou se met à cogner, c'est une situation malsaine. Si toi ou tes amis êtes témoins de telles scènes, prévenez un autre adulte. Tu peux en parler à ton père ou à ta mère, au directeur de l'école ou à un conseiller scolaire. Ce sera mieux pour toi, et la personne à qui tu parleras pourra aider l'adulte furieux à mieux maîtriser sa colère.

Voici un deuxième exemple. Un garçon et sa mère avaient souvent bien du plaisir ensemble. Quand ils promenaient le chien, jouaient à des jeux ou faisaient les courses, ils riaient et plaisantaient. Mais il arrivait que la mère se mette *en furie*. Le garçon ne savait jamais quand cela se produirait. Parfois, de retour du travail, elle se mettait à crier et à fulminer. Un jour, en voiture, elle devint si enragée qu'elle accéléra de plus en plus, criant à pleins poumons. Le garçon en était paralysé de terreur. Il ne savait pas quoi faire.

Quand des parents perdent les pédales, ça peut être terrifiant. Il est difficile de se sentir en sécurité quand les adultes qui font les règles et qui détiennent l'autorité se conduisent de manière désordonnée.

Si quelque chose de ce genre se produit chez toi, tu auras besoin d'aide. Demande à un autre adulte en qui tu as confiance de t'aider à déterminer ce qu'il faut faire. Ensemble, vous pouvez décider de trouver un moment plus propice pour parler à la personne qui s'est mise en colère.

Tu pourrais dire: «J'aime bien être avec toi, mais j'ai peur quand tu te mets à crier et à frapper sur la table. J'aimerais que tu sois plus calme quand tu es en colère».

Rappelle-toi que si on te frappe ou te blesse, ce n'est pas correct. Tu peux avoir de l'aide en parlant à un adulte digne de confiance. Consulte la liste des pages 24 et 25.

«Que faire si je ne me sens pas en sécurité?»

La sécurité est la chose la plus importante de toutes. Pour toi, c'est la **priorité numéro 1.** Par conséquent, si tu ne te sens pas en sécurité – si tu crains qu'en disant quelque chose à un adulte, il se montre encore plus furieux contre toi — cherche de l'aide.

S'il y a des cris et de la bagarre chez toi, tu dois agir pour te mettre en sécurité. Tu peux:

* **Prévoir le coup.** Pense à un endroit sûr où tu pourrais te réfugier quand la dispute ou la bagarre va commencer. Vas-y et fais quelque chose de calme. Tu peux lire, écrire dans un

carnet, jouer à un jeu ou écouter de la musique tranquillement. Si tu as un téléphone cellulaire, tu peux appeler quelqu'un de ta famille (comme ton grand-père ou ta tante), ou encore un ami, et lui parler doucement.

* **Composer le 9-1-1.** S'il n'y a aucun endroit sûr chez toi, compose le 9-1-1. Raconte à la personne qui a répondu qu'il y a une bagarre chez toi et que tu ne te sens pas en sécurité.

* **Parler à un adulte en qui tu as confiance.** Cherche un adulte qui peut t'aider à trouver un endroit sécuritaire. Raconte-lui ce qui se passe.

Tu trouveras à la page 23 d'autres moyens pour obtenir de l'aide.

Chapitre 10

Rester *cool*, c'est GRRRratifiant!

Félicitations! Tu viens de découvrir plusieurs moyens qui vont t'aider à devenir le maître de ta propre colère! Voyons maintenant ce que tu peux faire chaque jour pour prendre soin de toi et gérer tes sentiments de manière positive.

Prends soin de ton corps.

Fais de l'exercice chaque jour de façon à être fort et en santé. L'activité physique améliore l'humeur et est une bonne manière de dépenser l'énergie qui s'accumule quand tu es en colère.

Mange bien.

Ça vaut la peine de manger des aliments nutritifs comme des fruits et des légumes à chaque repas. Évite de manger trop de « cochonneries », comme des bonbons et des chips, qui peuvent te rendre maussade. (Elles sont bonnes au goût quand tu en manges, mais tu ne te sentiras pas si bien plus tard.)

Ne saute pas de repas.

As-tu déjà remarqué que tu deviens irritable quand tu as faim ? C'est difficile de se sentir équilibré quand on a « sauté » le petit-déjeuner ou qu'on va s'entraîner le ventre vide. Des collations et des repas réguliers t'aideront à tenir ta mauvaise humeur à l'écart.

Réduis ta consommation de boissons gazeuses.

Boire des boissons gazeuses remplies de sucre et chargées de caféine peut te rendre nerveux et agité. Quand on se sent comme ça, on a tendance à s'énerver pour rien. Bois de l'eau ou des jus de fruits plutôt.

Dors !

Veiller tard pour regarder la télé peut être amusant, mais il se peut que tu sois grognon le lendemain matin. Dors suffisamment chaque nuit et fais des siestes au besoin durant la journée.

Apprends à te relaxer.

Te relaxer ne veut pas dire flâner ou t'écraser devant la télé. La relaxation demande plutôt un certain entraînement et de la concentration. C'est une manière de t'éclaircir les idées et de détendre tes muscles de la tête aux pieds. Tu trouveras aux pages 15 et 16 un exercice de relaxation que tu peux apprendre facilement. Une fois que tu en auras assimilé toutes les étapes, tu pourras te relaxer n'importe où, n'importe quand.

Apprends à connaître tes états d'âme.

Essaie de savoir si tu es en colère présentement, ou si tu ressens de la jalousie, de la tristesse, de la frustration ou n'importe quelle autre émotion. Quand tu es capable de prendre conscience de tes états d'âme et de savoir pourquoi tu ressens telle ou telle émotion, tu es beaucoup plus en mesure d'y faire face.

Parle à quelqu'un.

Chaque fois que quelque chose t'ennuie, confie-le à quelqu'un. Dis-lui ce que tu ressens et pourquoi. Cette personne peut être un adulte en qui tu as confiance ou un grand ami. Si toi et tes amis n'êtes pas habitués à partager vos sentiments, tu pourrais être le premier à essayer. Il y a de bonnes chances que tes amis soient contents que tu te confies ainsi et se sentent plus à l'aise pour parler de ce qu'ils ressentent, eux aussi.

Écris ce que tu ressens.

Tiens un journal intime où tu inscriras toutes tes pensées. Que tu sois content ou en colère, écris-le. C'est agréable et utile de coucher tes mots sur le papier. Verrouille ton journal si tu crains que quelqu'un fouille dans tes affaires personnelles.

Trouve un endroit tranquille.

Cet endroit peut être ta propre chambre ou un coin de la chambre que tu partages avec quelqu'un d'autre. Ça peut être ton lit ou un placard où tu peux te réfugier pour te sentir en sécurité et en paix. Sers-toi de cet endroit pour réfléchir et donner libre cours à tes émotions. Chaque fois que tu ressens des émotions fortes et que tu veux être seul, va dans ton refuge pour te sentir mieux.

Trouve des passe-temps amusants.

Quel est ton passe-temps préféré ? Tu n'en as pas ? Alors, trouves-en un ! Tu peux commencer une collection, apprendre une nouvelle technique ou te joindre à un club sportif. Pratiquer une activité que tu adores représente une bonne façon d'oublier tes problèmes quand ça ne va pas.

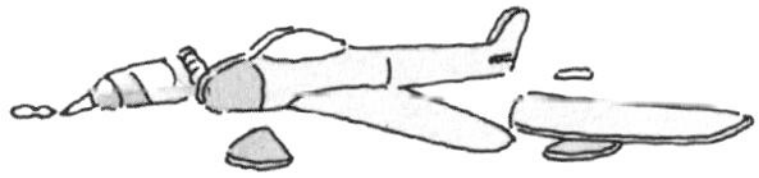

Écoute de la musique ou pratique une activité artistique.

Il y a deux bonnes choses avec la musique. Quand le rythme est rapide, elle peut t'aider à faire sortir l'énergie accumulée. Quand c'est lent et apaisant, elle peut t'aider à te calmer. Sers-toi de la musique pour composer avec tes émotions. Les arts peuvent également t'aider. Si tu es bouleversé, peindre ou sculpter dans un gros morceau d'argile peut t'aider à te sentir mieux.

Choisis judicieusement ce que tu veux regarder et écouter.

Il y a beaucoup de scènes violentes dans les émissions de télé, dans les films et dans les jeux vidéo, même dans ceux qui ont été conçus pour les enfants. Regarder et entendre des choses violentes peut te conduire à éprouver toi-même des sentiments d'agressivité ou de colère. Tu peux faire de meilleurs choix lorsque tu regardes la télé, quand tu navigues sur le Web ou lorsque tu joues à des jeux vidéo.

Fonde un groupe d'entraide pour les jeunes colériques.

Propose à un professeur, à un conseiller scolaire, à un chef scout ou à un animateur de loisirs de mettre sur pied un groupe dont les membres seraient désireux d'apprendre à surmonter leur colère de manière **positive.**

Choisis des amis qui t'aideront à te sentir bien.

Fréquentes-tu des jeunes qui se comportent agressivement et durement? Tes amis se moquent-ils de toi ou font-ils des choses qui te mettent mal à l'aise? Les vrais amis prennent soin de toi. Ils veulent que tu te sentes bien dans ta peau et dans ce que tu fais. Recherche les **vrais amis,** ceux qui peuvent t'aider à te sentir heureux et en paix.

Serre dans tes bras les gens que tu aimes.

Étreindre les gens que tu aimes et qui t'aiment est une excellente façon de te sentir un peu mieux quand tu es triste, bouleversé ou en colère. Tu peux aussi aider quelqu'un à se sentir mieux en le serrant dans tes bras. (Assure-toi que la personne est d'accord, cependant.) Les étreintes ne sont pas seulement réservées aux mauvais moments. Elles sont aussi une bonne manière de montrer que tu es content!

Apprends à pardonner et à oublier.

Éprouver de la rancune envers quelqu'un ne rend pas la vie facile. Et il n'est jamais bon d'avoir des disputes incessantes à la maison ou de perdre un ami parce que tu veux toujours avoir raison. Apprends à dire que tu es désolé et n'attends pas une éternité pour renoncer aux mots qui blessent. Ne t'excuse jamais ainsi: «Je suis désolé… mais admets que tu t'es comporté comme un crétin!» (La personne ne se sentira pas mieux.) Contente-toi de dire que tu regrettes ce que tu as dit ou fait: «Je m'excuse de ce que j'ai fait. C'était irrespectueux.»

Au-delà des excuses se trouve le pardon. Si tu te sens capable de le faire, pardonne à la personne qui t'a mis en colère, même si elle ne s'est pas excusée. C'est une façon extraordinaire de transformer un moment de colère en une histoire ancienne.

Si tu sais modérer ta mauvaise humeur et canaliser ta colère de manière positive, il sera beaucoup plus facile pour toi de vivre avec les autres. Vraiment! Et tu grandiras pour devenir un adulte plus heureux et en meilleure santé. Quelquefois, tu te remercieras d'avoir appris à montrer à ta colère que c'est toi, le patron!

Tu trouveras à la page suivante un engagement qui t'aidera à dominer ta colère. Tu peux photocopier cette page et conserver cet engagement. Signe ce formulaire et inscris la date. Demande à un adulte en qui tu as confiance de te servir de témoin quand tu prendras cet engagement et de t'aider à le tenir. Chaque fois que tu auras des problèmes avec ta colère, jette un coup d'œil à ton engagement. Il t'incitera à tenir tes promesses.

Mon engagement face à la colère

Je promets de m'efforcer de maîtriser et de vivre ma colère de façon positive.

Je promets de traiter les autres avec bonté et respect.

Je promets de me traiter moi-même avec bonté et respect.

Signature : ______________________________

Date : ______________________________

Parents et enseignants :
nous avons un message pour vous

La colère fait partie de la condition humaine. Elle est aussi naturelle que la joie, la tristesse, l'excitation, la peur ou la satisfaction. Mais en tant que parent ou enseignant, il est difficile de ne pas se sentir préoccupé par les façons agressives et parfois violentes dont les enfants — et les adultes — expriment leur colère.

Pour la plupart des gens, la colère est une émotion particulièrement difficile à gérer. C'est un sentiment complexe, associé étroitement à d'autres émotions comme la culpabilité, la jalousie, le chagrin, la frustration, l'inquiétude et la peur. S'ajoute à cette complexité la manière dont plusieurs d'entre nous ont appris à composer avec la colère. Nous avons peut-être appris très tôt que la colère était inacceptable. Nous avons peut-être appris uniquement des manières négatives de l'exprimer et de nous en occuper : par exemple en l'ignorant (ou en ignorant ceux qui nous mettent en colère), en ayant l'humeur instable ou ombrageuse, en l'exprimant par de vilains mots, des cris ou des coups. Comme les enfants apprennent en regardant ce que font les adultes, il ont peut-être appris à composer avec leur colère de la même façon.

Les psychologues nous disent qu'il peut être utile de considérer la colère comme une sorte d'émotion de survie. Si un enfant est en colère, c'est un signal. Ce signal peut nous prévenir que l'enfant a besoin de surmonter une étape de son développement (comme être accepté par ses pairs, apprendre à être compétitif ou maîtriser des aptitudes à l'école). Il peut nous faire savoir que l'enfant a besoin de contrôler le stress ressenti dans ses relations avec les autres (comme lorsqu'il se sent agacé, victime d'injustice ou objet de pression). Ce signal peut nous annoncer qu'il se débat avec un manque de confiance en soi, une faible estime personnelle ou un sentiment d'impuissance.

Souvent, les enfants reçoivent de leurs parents et enseignants le message — même s'il n'est pas intentionnel — que la colère est malsaine. C'est pratiquement une réaction automatique de dire: « Ne te mets pas en colère » ou « Cesse tout de suite! » Or, les enfants se mettent en colère, et ce message ne les aide pas à comprendre ce qui se passe ou à réfléchir sur le sentiment qu'ils éprouvent. Souvent, les adultes disent aussi aux enfants: « C'est correct d'être en colère, mais ce n'est pas correct de crier, de frapper, de donner des coups de pied ou de lancer des objets ». C'est un message positif, mais les enfants ont besoin de plus. Ils ont besoin:

* de trouver des moyens de faire « sortir » leur colère quand ils sont sur le point d'exploser ou de frapper;
* de comprendre pourquoi ils sont en colère;
* d'être capables d'exprimer leur sentiment de colère, de le partager avec d'autres, d'en parler;
* d'apprendre ce qu'ils doivent faire dans les situations qui conduisent à la colère;
* de trouver des façons de contrôler leur sentiment de colère.

Au-delà de la gestion de leur propre colère, les enfants ont besoin de savoir quoi faire face à la colère des autres. Voir des adultes ou d'autres jeunes s'emporter, perdre les pédales ou s'en prendre à des gens effraie les enfants.

Nous avons écrit ce livre pour fournir aux enfants des stratégies leur permettant de composer de manière saine avec leur sentiment de colère. Nous vous suggérons de le lire avant d'en discuter avec votre enfant ou avec vos élèves. Si vous préférez, lisez-le avec votre enfant ou en classe. Discutez des idées qui s'y trouvent. Posez les questions « Que faire si… » à propos des situations décrites dans le livre et des situations réelles que vivent les enfants. Aidez-les à prévoir comment ils peuvent éviter les conflits, décompresser quand ils sont en colère, exprimer leur sentiment de colère, résoudre les problèmes avec les autres et obtenir l'aide d'adultes quand ils en ont besoin. Prévoir les situations donne aux enfants une certaine assurance et leur permet d'exercer un pouvoir positif sur leur colère.

Suggestions pour aider les enfants à composer avec leur colère

Voici quelques autres suggestions pour soutenir les enfants au cours de leur apprentissage de la gestion de la colère.

Gérez votre propre colère de manière positive. Si vous avez une dispute avec votre enfant, quittez la scène jusqu'à ce que vous vous soyez calmé. Discutez ensuite de ce qui s'est passé sans blâmer l'enfant. Prenez bonne note de vos propres boutons de colère, des signes d'avertissement et de vos réactions. Vous pouvez demander à un proche ou à un ami de vous donner ses impressions après vous avoir observé réagir quand vous étiez en colère. Si vous découvrez que vous avez de la difficulté à gérer votre colère, vous pouvez consulter un professionnel.

Montrez-lui des façons appropriées de faire face à la colère. Dites à votre enfant ce que vous faites: «Comme je me sens en colère présentement, je vais aller marcher pour me calmer» ou encore «Je suis furieux à propos de quelque chose qui s'est passé aujourd'hui au bureau. Je vais appeler mon ami et lui raconter tout ça. En discuter m'aidera à envisager ce que je dois faire».

Ne vous disputez jamais avec votre conjoint en présence de votre enfant. Les enfants sont très sensibles aux remarques que peuvent faire leurs parents ou les gens qui s'occupent d'eux quand ces adultes se disputent. Ils se sentent déchirés quand les personnes qu'ils aiment se querellent, particulièrement quand les insultes fusent ou que d'autres manifestations d'agressivité se produisent. Si vous hurlez et insultez votre conjoint en présence de votre enfant, il peut devenir colérique à son tour, effrayé et bouleversé. Il peut penser qu'il est coupable de quelque chose ou qu'il doit agir comme médiateur. Évitez de placer un enfant dans une telle situation en faisant le nécessaire pour qu'il n'y ait aucune dispute de ce genre sous votre toit. Choisissez un moment propice pour discuter avec votre conjoint, calmement, derrière des portes closes. Il ne s'agit pas, pour vous ou votre conjoint, d'avoir toujours un comportement angélique, mais de réduire au minimum ces situations de crise négatives et intenses dont les enfants pourraient être témoins à la maison.

Établissez des règles de conduite raisonnables à la maison. La discipline devrait avoir pour but d'inculquer l'autodiscipline. Infligez des punitions précises et en relation directe avec les actes commis qui aideront les enfants à se maîtriser et à mieux fonctionner avec les autres. Si vous avez recours à la fessée, réfléchissez au genre de message que vous envoyez à l'enfant : « frapper est une manière de résoudre des problèmes ». Est-ce là le message que vous essayez de transmettre ? Demandez-vous s'il existe d'autres moyens qui fonctionneraient mieux.

Reconnaissez les signes qui indiquent qu'un enfant colérique a besoin d'aide. Ces signes incluent :

* des problèmes de comportement récurrents ou une mauvaise conduite inhabituelle ;
* des problèmes de sommeil ;
* des changements d'habitudes alimentaires ;
* une tristesse que l'enfant ne peut expliquer ;
* des manifestations violentes comme claquer les portes, donner des coups de pied sur les meubles ou briser des objets volontairement ;
* une irritabilité permanente ;
* une attitude malveillante envers les gens et les animaux ;
* une tendance à se bagarrer à l'école ou à la maison.

Quand l'enfant est en colère, essayez d'en découvrir la cause. Entamez une discussion quand tout le monde s'est calmé. Écoutez attentivement. Évitez de blâmer l'enfant pour avoir été en colère ou s'être comporté agressivement, même si ce qu'il a fait était inacceptable. Une fois que vous connaîtrez la cause de sa colère, vous pourrez trouver des moyens de l'aider à résoudre le problème.

Aidez les enfants à développer des aptitudes de gestion de la colère. Plusieurs enfants hurlent, se battent, sacrent ou piquent une colère tout simplement parce qu'ils n'ont pas d'autre moyen d'exprimer ce qu'ils ressentent. Apprenez-leur des mots qui expriment des émotions fortes, de manière qu'ils puissent comprendre et exprimer clairement ce qu'ils ressentent profondément. Aidez-les à trouver des moyens de décompresser et de cultiver leur maîtrise de soi, et de discuter de ce qui les tracasse avec vous et les autres. Il peut être utile de simuler des situations susceptibles de donner lieu à des accès de colère ou à des conflits, où les enfants pourront mettre en scène différentes problématiques.

Dites aux enfants que vous souhaitez qu'ils gèrent leurs conflits de façon respectueuse et constructive. Donnez-leur la possibilité de gérer une situation conflictuelle tout seuls. S'ils ont besoin d'aide, demandez-leur de vous dire ce qu'ils pourraient faire. Suggérez des pistes de solution au besoin. Vous pouvez aussi discuter avec le directeur de l'école ou un conseiller scolaire de la possibilité de former un groupe de gestion de la colère pour les enfants à l'école.

Maintenez des voies de communication entre l'école et la maison. Si vous êtes un parent, discutez avec le professeur de vos préoccupations et de la manière dont vous aidez votre enfant à gérer sa colère à la maison. Si vous êtes un enseignant, informez les parents des sujets qui concernent leurs enfants à l'école. Faites-leur savoir que vous leur enseignez des moyens positifs pour surmonter leur colère et que vous avez besoin de leur soutien à la maison. Quand les parents et les enseignants travaillent ensemble pour aider les enfants à gérer leur colère, ceux-ci reçoivent des messages cohérents et sont orientés dans la même direction.

Surveillez les émissions télévisées, les films, les sites Web et les jeux vidéo. Discutez de la violence dans les médias, et comment elle peut contribuer à susciter des sentiments agressifs et laisser croire aux gens que la violence et la cruauté sont normales et même amusantes. Efforcez-vous de passer du temps « sans média » avec votre enfant, que ce soit en jouant à des jeux de table, en l'accompagnant dans des balades à vélo, en allant jouer au parc ou en préparant des repas avec lui.

Recherchez de l'aide à l'extérieur, au besoin. Si les suggestions dans ce livre ne semblent pas efficaces, consultez un professionnel pour aider votre enfant. Vous pouvez rencontrer un conseiller scolaire, un psychologue ou un travailleur social qui va vous aider directement ou vous recommander un autre spécialiste, un psychothérapeute pour enfants ou un conseiller familial, par exemple.

Vous pouvez aussi chercher des ressources professionnelles dans les Pages jaunes, dans les rubriques Santé mentale — Services, Psychologues et Psychothérapie. Le système de santé public peut offrir des services gratuits en la matière ; consultez le CLSC de votre localité si vous résidez au Québec.

Aussi désagréable qu'elle soit, la colère peut être une force positive, qui aide les enfants à réagir directement quand une situation leur semble incorrecte ou injuste. Donner aux enfants la confiance et les outils dont ils ont besoin pour gérer leur colère, c'est les rendre plus forts. C'est leur offrir l'espoir, la sécurité et la confiance en soi — une chance d'en finir avec le cercle vicieux d'un problème de colère non résolu et de les conduire vers une vie plus paisible et plus constructive.

Un coup de pouce supplémentaire?

LIVRES

BRUNET, Christine, et Nadia BENLAKHEL. *C'est pas bientôt fini ce caprice. Les calmer sans s'énerver,* Paris, Albin Michel, 2005.

DOYON, Nancy. *Parent gros bon sens : mieux comprendre votre enfant pour mieux intervenir,* Québec, Éditions Midi trente, 2011.

GAGNIER, Nadia. *Ah! non, pas une crise... Les crises de colère chez les 2 à 6 ans et même plus...,* Montréal, Les Éditions La Presse, 2006.

MURPHY, Tim. *L'enfant en colère. Reprendre le contrôle quand votre enfant l'a perdu,* Montréal, Éditions de l'Homme, 2002.

SAMALIN, Nancy. *Conflits parents-enfants. Comment maintenir le dialogue?,* Paris, J'ai lu, 2000.

VINCENT, Annick. *Mon cerveau a besoin de lunettes. Vivre avec l'hyperactivité,* Québec, Les Éditions Quebecor, 2010.

OUTILS

Affiche des émotions, Éditions Midi trente, 2010.

Affiche des solutions aux conflits, Éditions Midi trente, 2010.

Affiche du respect, Éditions Midi trente, 2011.

Affiche de la non-violence, Éditions Midi trente, 2011.

Jouons avec les émotions : Cartes psychopédagogiques pour comprendre et mieux vivre les émotions, Éditions Midi trente, 2011.

RESSOURCES

Conseil de la famille et de l'enfance
1 877 221-7024 / www.cfe.gouv.qc.ca

Entraide Parents
www.entraideparents.com

Fédération québécoise des organismes communautaires Famille (FQOCF)
www.fqocf.org

Grands Frères Grandes Sœurs du Canada
1 800-263-9133 / www.gfgsc.ca

Jeunesse, J'écoute
1 800 668-6868 / www.jeunessejecoute.ca

Parents-Secours
1 800 588-8173 / www.parentssecours.ca

Tel-Jeunes (Québec)
1 800 263-2266 / www.teljeunes.com

Index

(Ces mots-clés t'aideront à trouver plus rapidement ce que tu cherches.)

P

R

S

T

V

Un p'tit mot
à propos des auteures

Lorsqu'elle a travaillé comme éditrice chez Free Spirit, **Elizabeth Verdick** a appris beaucoup de choses à propos des enfants (leurs émotions, leurs besoins, etc.). Elle est coauteure (avec Trevor Romain) de *Stress Can Really Get on Your Nerves!* et *True or False? Test Stink!*, et (avec Pamela Espeland) de *Making Every Day Count.* Elle habite au Minnesota avec son mari, leurs deux enfants, ainsi que leur chat et leur chien.

Marjorie Lisovskis participe à la publication de livres pour les enfants, les parents et les enseignants depuis 23 ans. Elle a aussi écrit des histoires, des chansons et des activités scolaires pour les enfants de tous âges. Elle a deux enfants adultes et trois petits-enfants. Elle et son mari vivent à Minneapolis.

ACHEVÉ D'IMPRIMER
en mars 2017 sur les presses de
Marquis Imprimeur, Montmagny (Québec)

www.miditrente.ca